Léon Faucher

L'Opposition et le Parti radical

Essai

ISBN : 978-1717347190

10 9 8 7 6 5 4 3 2 1

Léon Faucher

L'Opposition
et le Parti radical

Essai

Table de Matières

L'Opposition et le Parti radical[1]

La situation intérieure de la France est quelque chose de nouveau, d'inouï peut-être dans le gouvernement représentatif. C'est la première fois que la dissolution de la chambre se trouve amenée, non par la force des circonstances, ou par les entraînements départi, mais par l'épuisement et la fin naturelle des opinions. Il ne s'agit ni de confirmer la majorité, ou de la déplacer, ni d'abattre par un der- nier échec les prétentions de la minorité. Majorité et minorité, les opinions qui datent du 13 mars 1831, ont fait leur temps. Si l'on y prend garde, nous ne sommes pas dans une période de réforme, mais dans une époque de renouvellement.

Cette situation est évidente, manifeste, irrésistible. Elle se révèle clairement dans l'indifférence persévérante avec laquelle on accueille maintenant les idées et les noms qui avaient naguère l'heureux privilège de passionner le sentiment public. Les partis eux-mêmes ne se combattent plus que par habitude ; ils gardent leurs positions, non pas qu'ils les jugent encore les meilleures, mais pour conserver, à leurs propres yeux, une sorte d'identité. Partout les convictions chancellent, et la limite des opinions s'efface ou cesse d'être visible à l'œil nu. Il n'y a plus de foi, ni par conséquent de discipline, d'aucun côté. Les chefs cherchent avec inquiétude leur troupe derrière eux, et les soldats, doutant de leurs chefs, se mettent à guerroyer pour leur propre compte ou font la paix, au risque de devenir suspects, car jamais, avec moins de haines, il n'y eut plus de soupçons et de récriminations.

Pour qui voudrait les reconnaître, voilà bien les signes des temps. Mais, soit l'empire de la routine, soit l'impuissance absolue de s'accommoder à des circonstances qui n'étaient pas entrées dans leurs prévisions, aucun parti ne consent à faire un retour sur lui-même ;

1 Nous ne partageons pas toutes les opinions de l'auteur de ce travail. L'écrivain, qui appartient à l'opposition constitutionnelle, s'est mis au point de vue de ce parti sur plusieurs questions, notamment en ce qui touche les lois de septembre et le cabinet du 15 avril. L'amnistie, la dissolution, la prise de Constantine, en six mois d'administration, feront une part plus grande au ministère que préside M. Molé, et sont des actes politiques de nature à l'affermir et à le rendre durable. Malgré ces dissidences, nous n'avons pas hésité à accueillir un travail aussi remarquable sous bien des rapports, et qui nous vient d'une plume justement appréciée de nos lecteurs. (N. du D.)

ils s'accrochent tous au contraire, avec une énergie désespérée, à leur passé qui s'écroule, comme s'il leur était donné de le fixer un seul instant. Ceux même dont l'individualité est la plus tranchée, ne portent pas leurs vœux plus haut : c'est ainsi que les amis de M. Guizot ont pris pour mot d'ordre la réélection des membres de l'ancienne majorité ; quant aux radicaux, ils se réduisent en apparence à briguer le retour de l'ancienne opposition.

Il semble, quand le gouvernement de l'opinion est mis ainsi au concours, que chaque parti doive s'empresser de relever sa bannière, de produire ses titres, et de se poser comme un centre de ralliement. Rien de pareil n'arrive cependant. C'est à qui montrera le plus de désintéressement. Chacun s'efforce de se confondre dans la foule, au lieu d'exposer en relief sa personnalité ; c'est une manie générale de coalitions. Les légitimistes demandent à se coaliser avec tout le monde ; les républicains, après avoir poursuivi l'opposition constitutionnelle de leurs sarcasmes et de leurs dédains, proposent de comprendre, dans la même raison sociale, M. Garnier-Pagès et M. Odilon Barrot ; les doctrinaires accepteraient les candidats de M. de Montalivet, si le ministère consentait à épouser ceux de M. Guizot.

Toute coalition a pour but de détruire et non pas d'organiser. Or, qu'y a-t-il à renverser aujourd'hui ? Où est l'obstacle formidable à ce point, qu'il mérite de nous arrêter devant lui ? Si le ministère a des projets de réforme, ce n'est pas l'opposition qui les traversera ; et si l'opposition a trouvé à faire luire quelque rayon de lumière dans notre chaos, elle peut assurément ne tenir aucun compte de la résistance du pouvoir. Les partis, à l'heure présente, sont de purs béliers d'attaque ; ils résistent difficilement eux-mêmes, quand on les presse, n'ayant pas de base ni de point d'appui.

Ce qui a trompé l'opposition comme le ministère, c'est que l'une et l'autre ont repris la lutte de trop loin. Des deux côtés, on s'est volontairement replacé dans les positions de 1831 et de 1834, comme si l'on avait affaire aux mêmes passions et aux mêmes périls. On a évoqué les fantômes du *treize mars* et du *compte-rendu*, drapeaux de guerre qui ne sont déjà plus qu'une défroque sans valeur. On a donné un tournoi avec les débris des armes qui avaient servi dans le combat.

Non, nous ne sommes plus les hommes de 1831 et de 1834. Grâce à Dieu, l'opinion publique a marché, modifiant les doctrines, les hommes et les journaux. Nous avons obéi, peut-être malgré nous, à cette loi de décomposition qui veut qu'un progrès accompli serve de marchepied à un autre progrès. Il ne suffit plus aujourd'hui de se dire homme de révolution et de réclamer les conséquences de juillet. Le point de vue théorique s'est élargi, pendant que l'on faisait trêve à l'action. Nous savons maintenant que toute doctrine qui aspire à pénétrer dans la pratique, doit résoudre le problème du pouvoir aussi bien que celui de la liberté, et qu'avant de se proposer pour le gouvernement de l'état, les partis ont à subir un travail intérieur d'étude et d'organisation.

D'où vient l'ascendant incontestable de l'école doctrinaire, sous la restauration d'abord, et plus tard sous la nouvelle monarchie ? Faut-il l'attribuer uniquement à l'habileté des meneurs et à la corruption des esprits ? ou bien, ne serait-ce pas plutôt que, de tous les partis qui avaient conjuré ensemble la ruine des Bourbons de la branche aînée, celui-ci se trouva seul, quand il fut nécessaire, fortement organisé et prêt à gouverner ?

Lorsque tout le monde ne songeait encore en France qu'à arracher au gouvernement des garanties pour les droits du peuple, M. Guizot et ses amis avaient déjà résolu à leur manière la question du pouvoir. Cette solution ne procédait pas d'une idée bien nette ni bien avancée ; l'éclectisme politique, sans ouvrir une perspective étendue à la société, ne décourageait pas assez les pensées de retour vers un ordre de choses à jamais détruit ; mais, à défaut d'autres, le système a été et devait être accepté. Que ce soit là une leçon pour les opinions que l'on a vues jusqu'ici plus occupées de tenir tête au pouvoir que de rechercher ce qu'elles en feraient à leur jour. Une opposition purement négative n'est pas appelée à exercer une influence profonde ni durable ; elle pourra faire des révolutions, mais elle n'en recueillera pas le fruit.

La dissolution de la chambre a surpris les partis dans un état de faiblesse et d'amoindrissement tel, qu'aucun d'eux ne pouvait sérieusement avoir en vue autre chose qu'un résultat provisoire, ni prétendre, avec quelque chance de succès, à la majorité. Pour l'opposition comme pour les centres, la majorité ne devait être que le but éloigné ; le travail à opérer sur soi était le but prochain. Par une fatalité que nous appellerions volontiers d'un autre nom, l'on a renversé les termes de cette situation ; de là les fausses manœuvres, qui ont abouti à l'établissement d'un comité électoral.

L'opposition avait d'abord limité son plan d'opérations à un résultat modeste et par cela même plus certain. Elle n'excluait que les candidats suffisamment connus pour faire bon marché de leur conscience, et se promettait de porter ses suffrages sur tous les hommes honnêtes et indépendants. On déclarait la guerre au grand scandale de notre époque, à la corruption ; avant les titres de sympathie politique, on faisait passer la moralité. C'étaient à la fois un acte de patriotisme et un mouvement stratégique parfaitement conçu ; car, à défaut du nombre, l'opposition appelait les influences morales de son côté. Le drapeau était bien choisi ; en dirons-nous autant des moyens d'action ?

Pour combattre, d'une part, les dispositions corruptrices de la coterie doctrinaire, et, de l'autre, la vénalité dans le corps électoral, l'opposition n'a rien imaginé de mieux que de recueillir ses forces les plus divergentes et d'en former un faisceau. Tantôt on a cherché à réunir les diverses fractions de la minorité constitutionnelle, bien qu'elles eussent entre elles, sous le rapport des personnes comme sous celui des opinions, assez peu d'affinité ; tantôt les puritains de l'extrême gauche, séparés, par les événements de juin et d'avril, du parti républicain, ont tenté d'en rallier à eux les débris. Il n'y a pas jusqu'à M. Mauguin, qui, lassé de l'isolement parlementaire où il vivait depuis 1834, ne se soit mis en quête d'auxiliaires et d'alliés.

L'opposition pouvait-elle se fortifier par la combinaison de tant d'éléments discordants ? On a beaucoup dit, à cette occasion, que l'union faisait la force ; on a rappelé que la victoire demeurait toujours en définitive aux gros bataillons ; puis l'on est allé recruter des adhérents aux quatre points cardinaux de la politique, comme si toute foule était une armée. Que les majorités cherchent la puissance dans le nombre, nous le concevons, car telle est leur loi. Mais la condition des minorités n'est pas la même ; quand on lutte contre le pouvoir, en présence de l'opinion que l'on veut attirer à soi, peu importe le nombre des opposants ; une seule chose est précieuse, c'est d'avoir de son côté le droit ou la passion. En 1826, l'opposition, réduite à dix-sept députés, gouvernait bien plus réellement que M. de Villèle, appuyé sur le bataillon des *trois cents* ; car chacune de ses paroles faisait tressaillir le pays.

Depuis trois ans, les opinions tendent évidemment à se déclasser. La masse des esprits flottants s'accroît outre mesure, tandis que les rangs des partis classés vont s'éclaircissant tous les jours. Cette situation n'est pas régulière ; ce n'est jamais volontairement ni pour longtemps qu'un peuple reste dans le vide, qu'il s'abstient de sentir et de penser. Les opinions sont tièdes, non qu'elles aient besoin d'excitation, mais parce qu'elles demandent à être rassurées. Faites scission avec les hommes qui passent, à tort ou à raison, pour les ennemis du repos public, et les tendances libérales reprendront leur cours.

L'opposition ne s'est pas certainement affaiblie dans la chambre, depuis ces mémorables séances où M. Odilon Barrot vint répudier publiquement à la tribune toute solidarité avec les convictions de M. Garnier-Pagès. Ce qui le prouve, c'est que dès ce moment l'unité du parti ministériel fut rompue ; la majorité, jusqu'alors compacte et inébranlable, n'ayant plus la peur pour ciment, tomba bientôt en poussière. Une seconde scission dans les rangs de la gauche lui fit faire un nouveau progrès. A dater de la retraite des puritains, qui n'étaient qu'un obstacle illustre, il devint manifeste que le gouvernement, modéré par deux changements successifs, dérivait enfin vers l'opposition. La dissolution de la chambre, en consommant la rupture du parti parlementaire avec les opinions plus ou moins éloignées de la constitution, devait le mettre en possession de cet avenir.

L'opposition avait moins à combattre le gouvernement qu'à l'attirer. Il fallait oublier beaucoup, s'occuper bien plus des garanties à prendre que des représailles à exercer, et compter pour quelque chose les faits accomplis. Le pouvoir n'est pas le seul coupable dans tout ce qui s'est passé depuis sept ans ; et l'opposition n'existe pas seulement pour le contenir ou le redresser, car il est aussi dans ses devoirs de contribuer à l'éducation du pays. Parmi les causes de l'atonie des esprits, nous faisons figurer à sa place l'impuissance du gouvernement ; nous savons qu'en s'efforçant de comprimer le libre essor de la pensée, il a livré la France à la domination des intérêts matériels, qui devient facilement une tyrannie, lorsqu'elle demeure sans contrepoids moral. Mais, à dire vrai, si le gouvernement a pu aggraver le mal, il ne l'a pas créé ; cette torpeur politique tient à des racines plus intimes et plus profondes dans notre état social.

L'opposition s'est donc trompée, lorsqu'elle a dressé et dirigé toutes ses batteries électorales contre le ministère. On pourrait renouveler vingt fois le cabinet, sans que la situation politique fît un seul pas ; car c'est peu pour un peuple de secouer ses entraves, s'il ne sent en lui aucun principe de mouvement. Il y a plus ; on modifierait la loi électorale, on bouleverserait la charte, on mettrait les masses en rut, que cela ne changerait rien à nos embarras actuels. Les questions de forme sont épuisées.

Nous le répétons, l'obstacle est en nous ; il est dans tous les partis, et dans l'opposition comme dans le gouvernement. Le pays voudra et imposera sa volonté, quand il saura ce qu'il doit vouloir. Avant d'agir sur les esprits, de se répandre, et de disputer le pouvoir, chaque opinion a besoin d'un travail intérieur. L'influence de l'exemple est la seule possible aujourd'hui.

Avant donc de faire un appel à l'opinion publique, nous pensons que l'opposition avait à se transformer. Si les élections devaient lui servir à quelque chose, c'était principalement à rendre définitives les dissidences qui avaient éclaté dans son sein, à s'organiser, à se discipliner, à faire choix d'un chef, à élargir et à préciser ses théories. Ne voulant pas renverser, il fallait qu'elle se préparât à gouverner : il était temps que l'opposition prît ses distances, de manière à n'être séparée que par des nuances plus ou moins vives des opinions qui se renfermaient comme elle dans le cercle tracé par la constitution, mais en mettant un abîme entre elle et les partis qui ne reconnaissaient pas l'ordre légal. Le gouvernement se voyait acculé à une impasse par l'absence d'une opposition vraiment constitutionnelle, qui pût recueillir à son heure l'héritage de la majorité ; il fallait l'en faire sortir.

En second lieu, disputer le terrain à la corruption dans les collèges électoraux, c'est s'en prendre à l'effet et négliger la cause du mal. Quoi qu'on dise, les consciences vénales forment par tout pays une faible minorité. Pour l'honneur de la nature humaine, il y a peu de citoyens, même dans le cercle électoral le plus étroit, qui soient assez éhontés pour trafiquer de leur suffrage. Les capitulations d'opinion ne sont si fréquentes que parce que l'indifférence politique est la commune opinion. Un arrondissement qui vote pour un candidat porteur de promesses administratives, ne transige pas précisément avec le ministère ; seulement, entre deux candidats qui le touchent aussi peu l'un que l'autre, il laisse pencher la balance du côté où l'incline son intérêt.

La plaie de notre époque et de notre pays, c'est encore moins la corruption des consciences que le silence de l'esprit public. Le gouvernement représentatif n'a pas une date assez ancienne chez nous, pour que la gangrène en attaque ainsi le tronc. Nous péchons beaucoup plus par défaut de lumière que par absence de vertu. Ce qu'il faut éviter, on le prêche par-dessus les toits ; et ce qu'il faudrait faire, nul ne le sait ou du moins ne le dit. Peu de passions mauvaises, mais aussi point de sentiments généreux ; la société reste sans impulsion comme sans direction.

L'opposition n'a d'abord entrevu qu'à demi ces nécessités de la situation, d'où naissaient pour elle des devoirs nouveaux. Sa première pensée fut de réunir encore une fois les deux fractions du parti parlementaire, la gauche modérée et les puritains de l'extrême gauche, dans une profession commune de dévouement à la monarchie. Elle voulait aborder les électeurs avec cette déclaration, qui eût réparé du moins la faute du compte-rendu, en excluant ouvertement le parti républicain. Le manifeste devait paraître sous les auspices de M. Laffitte et de M. Odilon Barrot. Il avait été rédigé, arrêté, et il n'y manquait plus qu'un certain nombre d'adhésions à recueillir. Le comité était entré en fonctions ; il avait nommé son pouvoir exécutif, lequel venait aussi de se mettre à l'œuvre ; M. Barrot était parti pour la Hollande, plein de confiance et de sécurité, lorsqu'un des auteurs de la coalition proposa d'y comprendre le parti républicain. Huit jours après, le comité de l'alliance était dissous.

Il n'entre pas dans notre plan de revenir sur les circonstances de cet avortement, qui nous semblent suffisamment connues du public. Mais qu'il nous soit permis de dire que nous l'avions prévu. Les alliances naturelles de M. Barrot sont dans le centre gauche, celles de M. Laffitte dans le parti radical. Celui-ci ne pouvait prendre place au comité sans en ouvrir l'entrée à la république, ni celui-là sans y appeler la nuance vive du tiers-parti. Il fallait étendre la coalition depuis M. Dupin jusqu'à M. Garnier-Pagès, ce qui était

impossible et ridicule, ou, ce qui était inévitable, se séparer définitivement. Après deux mois de tâtonnements et de débats inté-
rieurs, grâce à l'insistance de la presse et à la fermeté de M. Odilon
Barrot, la séparation s'est accomplie. N'y avait-il rien à faire après
un acte qui ne changeait pas seulement la situation respective des
partis, mais qui les plaçait dans une attitude toute nouvelle en face
de l'opinion ? M. Barrot et M. Laffitte, par respect pour d'anciens
engagements à peine rompus, ne songeaient pas encore à former
d'autres liens, et se résignaient à porter dans l'inaction le deuil des
premiers. Mais M. Mauguin, qui arrivait de la Grande-Bretagne,
où il avait vu les whigs s'allier sans répugnance aux radicaux, ainsi
qu'à la clientelle d'O'Connell, plein de foi d'ailleurs dans la puissance de la tactique, ne put supporter que l'opposition gardât le
silence dans un moment aussi décisif. Il triompha des scrupules,
rapprocha les distances, et finit par former un comité électoral où
s'assirent à côté de lui M. Laffitte et M. Garnier-Pagès, triumvirat
de chefs sans armée.

Le comité avait pris pour devise la réunion de toutes les nuances
de l'opposition ; mais admettre les organes du parti républicain,
c'était exclure, par le fait, l'opinion qui se personnifie en M. Odilon
Barrot. Que représente maintenant un comité dont M. Barrot et
les amis de M. Barrot ne font point partie ? Tout, peut-être, excep-
té l'opposition. L'opposition comptait cent cinquante voix dans la
dernière chambre ; donnez-en dix à M. Garnier-Pagès, vingt ou
vingt-cinq à M. Laffitte ; ajoutez-y M. Mauguin, qui ne représente
que lui-même, et vous aurez les forces éventuelles de la coalition,
une minorité dans la minorité.

Le prétendu comité de l'opposition n'est donc que le comité de
l'extrême gauche, où M. Mauguin est allé fourvoyer sa brillante
individualité. L'élément républicain y dominera, quoi qu'on fasse,
non pas tant parce qu'il est conquérant de sa nature, que parce que
l'alliance s'est opérée à son profit. Les hommes illustres et honorables qui se tenaient, depuis assez longtemps, à l'extrême limite
de la monarchie et sur la pente de la république, ont enfin, qu'ils le
sachent ou qu'ils ne le sachent pas, franchi leur Rubicon. Leur opinion, déjà suspendue entre le présent qu'ils détestaient et l'avenir
qu'ils croyaient apercevoir, a tout-à-fait perdu terre ; ils ont cessé
d'exister à l'état de parti.

Les républicains, au contraire, ont fait preuve d'une extrême habileté. Rejetés violemment peut-être en dehors de l'ordre légal, ils viennent d'y rentrer par adoption, et d'y mettre garnison des leurs. Privés de chefs notables, et n'ayant plus la liberté d'exposer leurs opinions sans réticence ou sans déguisement, ils ont brigué et obtenu le patronage qu'ils pouvaient le plus souhaiter, celui des principaux fondateurs de l'ordre politique qui est sorti de la révolution de juillet. Ils ont des noms à présent, et le temps leur donnera des doctrines, car ils passent de l'état de protestation à l'état de discussion ; les républicains tendent à se transformer en radicaux.

Quant à l'opposition proprement dite, l'influence qu'exercera sur ses destinées la retraite des puritains, et leur alliance avec le parti radical, n'apparaît pas aussi clairement à tout le monde. Les conséquences éloignées ne peuvent manquer d'être favorables, mais l'effet immédiat sera désastreux.

Ce que l'opposition gagne à se séparer de l'extrême gauche, c'est d'abord cette homogénéité d'opinion qui constitue la force, et qui est l'existence même d'un parti. Quand une fraction parlementaire a plusieurs chefs, elle n'en a aucun ; une opinion qui reconnaît plus d'un symbole, admet dans son sein la confusion des langues ; une religion politique qui s'associe des hommes de doute devient un objet de dérision. Le parti qui pense que l'expérience de la monarchie n'est pas faite, prend donc une attitude plus nette en rompant avec le parti qui estime que cette expérience a déjà tourné irrévocablement à la condamnation de la monarchie. L'opposition cesse de paraître solidaire des répugnances qu'elle ne partage point.

Un résultat plus précieux, à notre avis, c'est que chacun recouvre son indépendance d'action. L'extrême gauche, par son immobilité même, n'empêchait pas seulement le progrès, elle arrêtait aussi le mouvement. Par cela même qu'elle se tenait dans l'observation, refusant d'agir, et blâmant ceux qui agissaient, elle imposait à tout le monde la même inertie. Dégagée de cette pression, la gauche pure sera libre de concourir, selon l'occasion, ou de refuser son concours au gouvernement. Elle ne restera pas éternellement dans la région des impossibilités et des antipathies ; elle ne dira plus du pouvoir, comme le ci-devant jeune homme de son habit : « Si j'y entre, je n'en veux pas. »

Dans les partis, comme dans le corps humain, aucun déchirement ne s'opère sans douleur. La retraite de l'extrême gauche va laisser, pendant quelque temps, un grand vide dans les rangs de l'opposition ; et la défaveur de l'alliance républicaine pourra bien rejaillir, par un reste de solidarité entre les deux fractions qui se séparent, jusque sur ceux-là même qui l'ont repoussée. L'apparition du comité a gravement compromis les candidatures de l'opposition ; car les candidats de la minorité libérale ont été placés dans l'alternative, ou de renier son patronage et de se priver ainsi d'auxiliaires utiles, quoique peu nombreux, ou de le subir, en courant le risque de s'aliéner à jamais les opinions tièdes, mais honnêtes, que le voisinage de la république effraie. On a donné un prétexte à la peur.

Le pouvoir avait usé contre l'opposition ses moyens d'attaque, et semblait disposé à une sorte de neutralité. On lui a fourni le thème le plus commode d'agression. Il n'y a qu'à reprendre tous les lieux communs qui ont traîné depuis six ans dans les journaux. On accusera, n'en doutez pas, les signataires du comité et leurs adhérents, de complicité avec l'émeute, ou tout au moins avec le *désordre moral*, dernière fantasmagorie qui a servi à faire voter les lois de septembre. On dira que MM. Laffitte, Arago et Dupont de l'Eure s'associent aux projets ou aux espérances des *éternels ennemis de la monarchie* ; on le dira, et le caractère bien connu des honorables députés ne les défendra pas pour tout le monde d'une imputation que leur présence dans le comité semble justifier.

Les auteurs de cette coalition ont réservé, il est vrai, ou ont cru réserver pour chacun d'eux, en y entrant, l'intégrité et la liberté de ses opinions. L'alliance n'avait, dans leur pensée, qu'un seul objet, les opérations électorales ; et, les élections faites, les auxiliaires que l'on appelait devaient être licenciés. Mais autre est la volonté des personnes, autre la force des choses. L'alliance, on le prévoit sans peine, survivra aux circonstances qui l'ont amenée ; un choix libre, quoique peu réfléchi, a formé ces liens, la nécessité les rivera.

Les apologistes du comité ont mauvaise grâce à objecter qu'une association de votes dans la lutte électorale n'est pas une fusion d'opinions ; car, de tous les actes de la vie politique, l'élection est celui qui engage le plus l'opinion du mandataire et celle des commettants. Un député radical qui brigue les suffrages de l'opposition constitutionnelle, contracte, en dépit de lui-même, l'obligation de respecter l'ordre établi. Un député de l'opposition nommé par le concours des radicaux, et qui accepte ce concours, devient leur organe à quelque degré. Le tempérament le plus solide ne résiste pas aux influences d'un milieu délétère ; et si l'on veut conserver sa raison, il ne faut pas aller s'enfermer dans une maison de fous.

En fait, il n'y a pas d'exemple d'une coalition formée en vue des élections, qui n'ait prolongé son existence au-delà ; commencée dans les collèges, elle se continue naturellement dans la chambre, et passe des causes aux résultats. En 1827, les mêmes opinions dont l'alliance avait renversé M. de Villèle, restèrent unies sous le ministère Martignac et signèrent de leurs votes l'adresse des 221 ; en deux ans, elles avaient franchi ensemble l'intervalle qui sépare un changement de ministère d'un changement de dynastie. La coalition de 1837 n'a certainement pas la même portée ; mais il sera difficile à ceux qui l'ont provoquée de la rompre quand ils le voudront, car ce serait s'isoler, et courir au suicide pour éviter la contagion.

Dans le mouvement des partis politiques, nous ne connaissons d'alliances fortes et honorables que celles que l'on peut avouer hautement. Du moment où le comité s'est cru obligé de dissimuler ou d'atténuer ce qu'il avait fait, lorsque M. Laffitte et M. Mauguin, en s'asseyant à côté de M. Garnier-Pagès, ont senti la nécessité de décliner toute solidarité de doctrines avec leur nouvel allié, dès ce jour la position n'a plus été tenable pour aucun d'eux. Ils se sont condamnés à des explications et à des apologies sans fin, oubliant qu'une situation est déjà fausse quand il faut l'expliquer au public, qui ne la comprend pas.

Voyez en effet la contradiction : l'on prétend que la coalition représentée par le comité n'est pas une alliance de principes, que les hommes qu'elle réunit, faisant abstraction de leurs opinions politiques, n'ont d'autre but que d'obtenir des députés indépendants, et de sauver la pureté des élections. Cela étant, nous ne concevons pas que Ton ait décliné l'alliance des légitimistes en se résignant à celle des républicains. Pourquoi exclure M. Berryer, si l'on admet M. Garnier-Pagès ? L'un et l'autre ne sont-ils pas à une égale distance de l'établissement du 7 août ? Et quand on professe l'indifférence des opinions, est-il permis de faire acception des personnes et des partis ?

Nous remarquons, à l'honneur des puritains, qu'ils n'ont pas été conséquents avec eux-mêmes. La raison l'a emporté sur la logique. C'était assez d'une monstruosité telle que l'alliance d'un parti publiquement hostile au principe du gouvernement ; ils n'ont pas voulu en commettre une plus grande, en pactisant avec des hommes qui ont besoin de l'étranger. Grâces leur soient rendues de ce que leur haine pour le pouvoir actuel ne va pas jusqu'à les réconcilier avec les ennemis d'une révolution qui est leur plus beau titre à la reconnaissance du pays.

Le comité s'autorise des exemples de 1827, pour affirmer que les partis les plus opposés de principes et d'intentions peuvent faire alliance ensemble pour changer une majorité qui leur paraît corrompue. Il se plaint de ce que l'on blâme aujourd'hui ce que l'on approuvait alors, et pense établir entre les époques et les circonstances une parfaite parité. Il est vrai que la société *Aide-toi, le Ciel t'aidera*, qui dirigeait le mouvement électoral des dernières années de la restauration, renfermait aussi des hommes dont les vues allaient au-delà d'un changement de ministère, et qui voulaient renverser la monarchie. Mais ces hommes étaient en minorité dans le comité principal ; leurs opinions, trop excentriques ou trop avancées, n'avaient pas d'ailleurs le moindre écho dans les collèges électoraux. En dépit des tentatives avortées et oubliées du carbonarisme, ces convictions n'étaient pas sorties du vague de la théorie, et ne méritaient pas le nom de parti. M. Guizot pouvait donc, sans trop compromettre le succès de l'opinion libérale, siéger auprès de M. Garnier-Pagès, et M. Agier auprès de M. Cavaignac.

Les positions respectives sont bien changées. Quand les républicains se montreraient aujourd'hui tout-à-fait résignés à n'employer désormais, contre leurs adversaires, que les seules armes de la discussion, dépendrait-il de nous d'oublier que c'est le même parti qui leva, dans les rues de Paris, en 1832, le drapeau de l'insurrection, et qui troubla de nouveau, en 1834, le repos de nos deux plus grandes cités ? En 1827, on n'avait en face de soi que des théoriciens ; en 1837, ce sont des hommes d'action, qui portent partout avec eux l'épouvantail d'un passé encore saignant.

Après tout, la question n'est pas de savoir si, dans la coalition de 1827, il se rencontrait des principes hostiles à la royauté, ni si M. Guizot était entouré de républicains dans la société *Aide-toi*, comme M. Laffitte dans le comité de 1837 ; mais bien si le point commun de l'alliance, le symbole proposé aux électeurs, le mot de ralliement jeté à l'opinion publique, était alors, ce qu'il n'est pas aujourd'hui : « la Charte et la monarchie. »

Voilà ce qui nous paraît incontestable, voilà ce que l'on ne saurait nier, sans détruire l'histoire elle-même, en présence des témoignages encore vivants, et au lendemain d'une révolution qui n'a pas eu besoin de joncher le sol de ruines pour s'établir.

Oui, la Charte était alors le vœu de la France, la Charte qui contenait la monarchie. L'opposition criait : « vive la Charte ! » parce que la Charte était menacée par le pouvoir ; elle s'attachait à l'ordre légal, pour mieux lutter contre l'arbitraire ; c'était la force d'un côté, et de l'autre le droit. L'opposition libérale, on ne le sait que trop, combattit pendant quinze ans avec des armes et des fortunes diverses. Tant qu'elle conspira ou qu'elle encouragea les conspirations, le pays ne reconnut pas sa voix ; elle fut réduite à végéter dans les clubs et à disputer péniblement quelques têtes à l'acharnement du parquet. Son rôle ne s'éleva et ne s'agrandit que du moment où lui vint l'heureuse inspiration de placer ses griefs et ses tendances sous la protection des lois. Ce fut alors que la tribune lança des foudres, que la presse politique devint une puissance, et que l'opposition supplanta véritablement le ministère dans le gouvernement des esprits.

La Charte était le cri de l'opposition parlementaire dans ces mémorables séances où Foy et Benjamin Constant fondaient les principes de notre droit public. La Charte était le cri que le peuple opposait aux charges de cavalerie et au coup de collier de la rue Saint-Denis. La Charte était le cri de la jeunesse, et comme le pôle de la philosophie que lui enseignaient les plus éloquents, sinon les plus fervents novateurs. L'opposition se ralliait à la Charte, autant par nécessité que par choix ; l'opposition était et devait être un parti légal, parce que l'on crie : « vive les lois, » jusqu'au milieu de la révolution qui vient les changer.

Au reste, ce qui prouve que la France voulait la monarchie en 1827, c'est qu'elle a été maintenue en 1830 sans opposition, et, à peu de chose près, du consentement de ceux-là même que cette forme de gouvernement satisfaisait le moins.

On l'a dit avec raison, le point sur lequel les diverses nuances de l'opposition s'accordèrent en 1827, le principe qu'elles firent passer avant toute vue de parti, c'est précisément celui que la coalition de 1837 vient de réserver et de mettre en dehors, à savoir : la charte et la monarchie. Mais qu'est-ce donc qu'élire des députés ? N'est-ce pas faire un acte légal et constitutionnel ? Et pour exercer un droit de ce genre, est-il possible, est-il permis de faire abstraction de la constitution ?

En Angleterre, les whigs, qui sont le parti ministériel, ne craignent pas de s'allier aux radicaux, parti de mille nuances, et qui confine à la république par ses extrémités. Mais cette alliance se conclut, de part et d'autre, sur le terrain de la constitution. Les radicaux prêtent serment, portent la santé de la reine, parlent de réformer et non de renverser. Ainsi la coalition est politique à la fois et morale ; entre les alliés il ne peut être question que de la mesure dans laquelle les réformes seront circonscrites ; les uns veulent le plus, et les autres le moins ; mais aucun ne demande à changer ce qui est, et ne consentirait peut-être à marcher au progrès par une révolution.

Soyons de bonne foi ; la question se pose-t-elle ici dans les mêmes termes ? Le parti républicain, qui se transformera, nous le croyons, par la force des choses, en parti purement radical, avait-il déjà opéré cette transformation lorsqu'il est entré dans le comité ? N'a-t-il pas stipulé, au contraire, très expressément, la réserve de ses espérances et de ses opinions dans leur intégrité ? Or, s'associer à une pareille opinion, même pour un jour, même pour un seul acte de la vie politique, c'est conspirer malgré soi, conspirer de cette conjuration morale qui ne tombe pas sous l'action des lois, mais qui engage la conscience et l'avenir d'un parti.

Quelle peut être en effet la base d'une alliance électorale qui débute par ne tenir aucun compte des institutions, et dont les membres se croient libres de comprendre la charte dans leur traité ou de l'excepter ? Vous vous accordez sur tout le reste ; mais le reste, qu'est-ce ? demandent justement les doctrinaires. Et le comité ne répond pas à cette foudroyante interpellation !

Nous sommes fort éloigné de prétendre que la charte de 1830 soit, comme on le disait, en 1828, de la charte de 1814, le dernier mot du système représentatif ; mais, telle que nous l'avons, elle résout, pour le moment, toutes les questions de forme que l'on puisse agiter dans le jeu régulier des pouvoirs. Et si le bon accord du comité portait sur quelqu'une de ces difficultés sans porter en même temps sur la charte, il faudrait en conclure que la coalition ne se contente pas de réserver la constitution, mais la proscrit.

A défaut d'un programme politique, est-il dans les desseins du comité de se faire le promoteur de quelque réforme qui touche au fonds même de la société ? Les coalisés adopteraient-ils, par exemple, la définition donnée par Robespierre et Saint-Just du droit de propriété ? Ont-ils quelque constitution nouvelle du travail à nous proposer ? Ont-ils inventé un expédient qui mette fin aux misères et aux douleurs du paupérisme ? Que feront-ils du crédit et que feront-ils pour l'industrie ? Si le but de l'alliance est plutôt social que politique, pourquoi ne pas conserver la forme d'une école philosophique, et d'où vient que l'on affecte la valeur ainsi que l'influence d'un parti ?

Ni ceci, ni cela ; la coalition est tout et n'est rien. Elle n'a point d'objet avoué ni de principes reconnus ; elle embrasse tous les changements possibles ou impossibles, sans en avoir précisément un seul en vue. Mais du fond de ce chaos paraissent sourdre des tendances mystérieuses et encore mal arrêtées, qui finiront par se dessiner. La république y est en germe ; ce n'est pas la monarchie qui s'y développera.

On a beaucoup dit que, dans toute alliance d'opinions, le parti le plus avancé doit dominer et donner son nom. Cela n'est pas toujours vrai. Quand le parti modéré a pour lui l'avantage du talent ou même celui du nombre et de la popularité, les opinions extrêmes se réduisent d'elles-mêmes au second rang. Mais ici la supériorité appartient, sous tous les rapports, à la fraction républicaine de la coalition. Les membres de la gauche parlementaire qui émigrent vers cette région brûlante, n'y apportent que leur influence personnelle, et l'unique orateur de cette petite église se trouve être l'homme qui met le plus d'habileté à perdre les causes qu'il défend. Le chef de la fraction radicale, au contraire, M. Garnier-Pagès, unit aux qualités de l'orateur celles de l'homme d'affaires et de l'homme d'action. Sa position est la plus belle et la plus éminente, car la plupart de ses alliés, tout en déclarant qu'ils ne croient pas à la possibilité d'un gouvernement républicain en France, s'avouent républicains d'avenir. De plus, le parti qu'il représente manœuvre avec un certain ensemble, et s'est formé à la discipline dans le malheur. Aussi M. Garnier-Pagès et les radicaux disposent-ils à peu près souverainement du comité ; on leur abandonne le soin de diriger les correspondances, et il est facile de reconnaître, dans les candidatures recommandées publiquement, la prépondérance qu'ils ont bientôt su conquérir.

Nous avons exposé, avec une entière sincérité, les conséquences, tant prochaines qu'éloignées, de la scission, depuis longtemps prévue, qui vient enfin d'éclater parmi les membres de l'opposition. Tous les hommes qui veulent conserver à l'opposition parlementaire son caractère légal, députés ou écrivains, ont dû s'abstenir de prendre part aux travaux d'un comité qui recevait dans son sein les organes du parti républicain. Nous tenons à honneur d'avoir été du nombre des protestants.[1] Mais nous allons peut-être plus loin qu'aucun d'eux dans notre opposition à tout traité de paix avec les radicaux. Dans notre pensée, l'avenir de la société française ne leur appartient pas plus que la direction du temps présent. Les idées qu'ils reproduisent ont été mises à l'épreuve dans d'autres circonstances, elles ont eu leur à-propos et leur utilité ; mais c'est désormais un passé qu'il faut reléguer, comme tous les autres, dans le domaine de l'histoire, et non destiner à l'application.

Une idée neuve peut-être, mais non pas féconde, avait été lancée, en 1831, comme un ballon d'essai, des rangs du parti républicain. Pendant que l'école de M. Guizot allait chercher en Angleterre les exemples et les principes du système représentatif, l'imagination d'un grand écrivain, qui se trouvait à l'étroit dans la monarchie, avait passé les mers pour observer, dans l'histoire des États-Unis, comment s'établit et comment se conserve la liberté. M. Carrel ne proposait pas toutefois l'imitation pure et simple du

---

1 M. Léon Faucher s'est retiré du comité lorsque l'alliance entre l'extrême gauche et la traction républicaine est devenue irrévocable. Il a partagé cette détermination avec M. Chambolle, rédacteur du *Siècle*, et M. Ferdinand Barrot. M. Odilon Barrot, qui n'était pas à Paris, avait déclaré catégoriquement, quelques jours auparavant, dans le sein du comité, qu'il ne pouvait pas faire partie d'une réunion où siégeraient aussi M. Garnier-Pagès et ses amis. (*N. d. D.*)

régime américain ; il voulait, au contraire, dégager le principe de la présidence élective du système fédératif, qui est la forme dont les États-Unis l'ont revêtu. Tout comme il défendait la mémoire des girondins d'avoir jamais songé à rompre le lien de la nationalité française, ainsi, pour accommoder la république américaine à nos conditions de territoire et de civilisation, il prétendait substituer, dans l'expérience qu'il suggérait, l'unité de la nation à une fédération d'états.

Les formes de gouvernement varient comme les époques et comme le caractère des peuples. On ne les importe pas de l'étranger avec la même facilité qu'une machine ou qu'un procédé à l'usage de l'industrie. L'imitation, en pareil cas, n'est que la compression du génie national. Veut-on atténuer et modifier le type que l'on choisit ? cet éclectisme n'est bon qu'à l'énerver ou qu'à le défigurer. Malgré le secours d'un admirable talent et d'une énergique volonté, Carrel n'a jamais popularisé que sa personne. L'idée au service de laquelle il avait dévoué son existence n'a jamais été comprise ; elle est restée étrangère à toutes les secousses politiques, elle a fait peu de prosélytes, et elle a péri avec lui. Le journal qui la représentait appartient maintenant, dans le même parti, à un autre système d'opinions.

En dehors de cette pensée brillante, mais éphémère, le mouvement républicain n'a pas produit un seul aperçu nouveau : il procède encore directement de 91 et de 93 ; il a les instincts nationaux du parti montagnard, quelque chose de son activité, de son énergie et de son dévouement ; mais c'est aussi le même ordre d'idées. Les hommes sont jeunes, les principes sont anciens. En politique comme en économie sociale, nos radicaux ne connaissent que la dictature pour trancher les difficultés. C'est à un peuple homme fait qu'ils prétendent appliquer un expédient qui n'a jamais convenu qu'à l'enfance des sociétés.

On attribue à M. Royer-Collard un mot qui nous paraît d'un sens profond : or La république, aurait-il dit, a contre elle les républicains d'autrefois et les républicains d'aujourd'hui. » Ou nous nous trompons fort, ou les républicains d'aujourd'hui et les républicains d'autrefois sont politiquement les mêmes personnes ; il n'y a de différence entre eux que celle des mœurs, qui portent nécessairement l'empreinte du temps où l'on vit.

Nous avons, quant à nous, la certitude de ne rencontrer les républicains pas plus dans l'avenir que dans le présent. Voilà pourquoi il nous paraît que l'opposition ne fait pas assez en s'abstenant de coopérer, avec le parti républicain, à l'œuvre d'un comité électoral, et qu'elle devrait encore refuser son suffrage, dans les collèges, à tout candidat, légitimiste, républicain ou doctrinaire, qui n'acceptera pas, sans arrière-pensée, les institutions du pays. On ne peut pas voter pour la monarchie, et contribuer en même temps à la nomination d'un député qui voterait, au besoin, contre la monarchie. Si la séparation n'est pas complète, si elle ne s'opère pas d'une extrémité à l'autre de l'échelle représentative, elle n'a pas de sens ni de résultat.

Il est inutile de rechercher si M. Odilon Barrot a été exclu du comité central, ou si, comme on affecte de l'affirmer, l'honorable député s'est exclu lui-même. M. Barrot, en déclarant qu'il ne pouvait pas faire partie d'une réunion où siégeraient aussi les amis de M. Garnier-Pagès, ne se dissimulait plus que l'extrême gauche, après avoir longtemps hésité entre l'opposition constitutionnelle et l'opposition radicale, en était venue à préférer l'alliance de ce dernier parti ; et les fondateurs du comité, en y introduisant M. Garnier-Pagès, n'ignoraient pas qu'ils allaient prononcer l'exclusion de M. Odilon Barrot et de ses amis. Tout s'est fait, des deux parts, en parfaite connaissance de cause. L'extrême gauche a dû s'attendre à porter la responsabilité de l'alliance républicaine qu'elle a provoquée, appuyée, et scellée de son consentement ; quant à la responsabilité de la scission qui émancipe définitivement la minorité parlementaire, c'est un titre de gloire, c'est un précédent moral dans les mœurs représentatives, que M. Odilon Barrot n'aura pas la faiblesse de répudier.

Quelle que fût, dans la pensée de ses promoteurs, la portée de la coalition, les circonstances en ont fait un événement important. Il n'est plus possible de réduire à l'insignifiance d'une transaction passagère, une combinaison qui a eu pour premier résultat de couper en deux l'opposition, et qui va modifier par contre-coup la situation de tous les partis. Rien de plus grave ne s'était passé, en France, depuis l'apparition du compte-rendu.

On a charitablement insinué (il est vrai que l'insinuation part d'un rival) que M. Barrot, séparé de l'extrême gauche, n'avait plus qu'à se rapprocher du parti ministériel. Le rapprochement ne serait ni possible, ni convenable ; et nous aimons à croire que M. Mauguin, dans la position de M. Odilon Barrot, traiterait avec le même dédain un semblable avertissement. Ce qui est vrai, c'est que l'opposition, n'étant plus retenue par les mêmes embarras et ne rencontrant plus les mêmes obstacles, son attitude doit infailliblement changer ; nous dirons en quoi.

Les élections prochaines ne s'annoncent pas comme devant opérer un déplacement notable dans les opinions. Les partis extrêmes y perdront ; quelques hommes nouveaux seront amenés sur la scène, et les députés réélus reviendront, nous ne dirons pas plus conciliants, mais avec des dispositions plus franches à l'impartialité : cela suffît pour substituer, dans le travail parlementaire, les affaires aux passions. La session qui va s'ouvrir, si nous voyons juste, n'aboutira politiquement qu'à l'exclusion définitive de M. Guizot. Le centre droit cessera d'être le pivot de la majorité.

Nous ne croyons pas que M. Thiers songe à renverser le ministère ; et M. Guizot ne le pourra pas. Le cabinet se présente aux chambres, protégé par l'éclat d'un succès militaire, genre de séduction auquel l'opinion publique résiste difficilement. Il trouvera les députés indécis, sans alliances formées, sans engagement pris, et au milieu de ces tâtonnements qui ne produisent d'abord que des majorités d'occasion. Tout faible qu'on croie le ministère, il est probable qu'il traversera la session. M. Molé a donné l'amnistie, et a fait prononcer la dissolution de la chambre ; il a servi de transition entre la domination du centre droit et celle du centre gauche ; il a favorisé avec habileté la décomposition et le renouvellement des opinions ; mais là peut-être finira sa mission. C'est un assez beau rôle que celui de fermer et de combler le passé.

Le centre gauche deviendra probablement la base de la majorité, car le centre gauche, c'est le pays avec ses instincts révolutionnaires et ses incertitudes politiques : une tendance plutôt qu'un parti. Les chefs de cette fraction de la chambre ont des antécédents administratifs et une notabilité parlementaire qui les rendent propres à gouverner ; ils sont hommes d'application plutôt que de théorie, et comptent dans leur bagage plus Ce règles de détail que de principes généraux. Comme les whigs en Angleterre, ils forment véritablement la transition entre deux régimes, et représentent, à tous les titres, l'empire de la bourgeoisie.

Il est et il doit être dans la politique de l'opposition de favoriser l'avènement du centre gauche aux affaires. Mais cette alliance ne saurait avoir ni l'intimité ni les conséquences d'une étroite association ; c'est la neutralité, et, dans certains cas, l'opposition bienveillante d'un héritier présomptif. M. Odilon Barrot ne peut pas partager le pouvoir avec M. Thiers, et l'opposition ne trouve pas sa place dans un ministère de coalition. D'autres feront les frais des combinaisons intermédiaires qui amèneront le gouvernement dans ses voies.

En formant une opposition légale et pratique, qui se place, à son rang, sur les degrés du pouvoir, nous entrons dans une situation excellente, dans une situation meilleure, à beaucoup d'égards, que celle où se trouve l'Angleterre, depuis 1832. En Angleterre, la réforme n'a fait éclore aucun parti, et n'a pas sensiblement renouvelé le terrain où étaient campés les vieux partis. Ils sont toujours partagés en trois grandes divisions ; le peuple ne connaît pas d'autres noms de guerre que ceux de *tories*, de *whigs*, et de *radicaux*. Il y a bien quelque chose entre les whigs et les tories depuis la défection de lord Stanley, quoique ce parti intermédiaire ait disparu presque entièrement dans les dernières élections ; mais il n'y a rien entre les whigs et les radicaux, aucune halte possible dans le progrès, en sorte que si, quelque anneau de la coalition libérale venant à se rompre, le ministère Melbourne perdait la majorité, on n'aurait plus ni majorité, ni parti, ni ministres préparés à gouverner.

Notre bonne étoile veut que nous n'en soyons plus réduits à la même indigence. Après M. Molé, M. Thiers est possible ; après M. Thiers viennent les nuances plus vives du centre gauche et les hommes tels que MM. Dupin, Dufaure et Vivien ; après ceux-ci, M. Odilon Barrot et l'opposition ; après l'opposition, les radicaux, qui ne tarde-ont pas à détacher quelque avant-garde pour combler la distance entre eux et M. Barrot. Ainsi les partis s'échelonnent, et avec les partis les phases de la monarchie. Ce sont autant de gages donnés à l'esprit de réforme, autant d'engagements pris contre l'esprit de révolution. Dès ce moment, la marche du gouvernement constitutionnel est assurée.

On interpréterait mal notre pensée, si l'on croyait que ce que nous conseillons à l'opposition légale, c'est tout simplement d'avoir un peu plus d'ambition. Il ne faut pas tendre au pouvoir, si l'on veut l'occuper honorablement et sûrement. Mais le but sérieux et digne que doit se proposer un parti national, c'est de résoudre, d'une manière certaine, les difficultés devant lesquelles hésite l'opinion publique, et qui en suspendent l'action. Toute opposition vraiment constitutionnelle doit avoir en soi le noyau d'un gouvernement.

La gauche parlementaire a vécu jusqu'ici un peu trop de son passé. Elle a cru qu'il suffisait de rester fidèle aux principes de 89, et de commenter les préceptes de droit constitutionnel qui jaillirent, sous la restauration, des besoins de la lutte, pour voir les idées se développer dans cette direction. Elle a laissé faire et n'a pas fait faire. Les nécessités de la pratique l'ont presque toujours prise au dépourvu ; et quand les événements ont soulevé des questions que ne comprenait pas son dictionnaire, elle en a mal à propos abandonné la discussion aux derniers venus. C'est ainsi que les saint-simoniens et les républicains l'ont impunément supplantée dans l'attention publique pendant quelques années. Elle a renoncé beaucoup trop tôt à l'étude pour l'action. De là vient qu'elle a des orateurs et n'a pas de penseurs, et que, comptant plusieurs têtes, elle n'a jamais obéi à un chef.

Ce qu'il faut soigneusement conserver de la gauche parlementaire, c'est sa position et la direction de ses opinions ; ce qu'il faut étendre, c'est le cadre même des idées qui bornaient son horizon ; ce qu'il faut renouveler, c'est le personnel du parti, par une infusion de sang jeune et chaud. Plus qu'aucune autre opinion, l'opposition a besoin d'hommes nouveaux, parce que sa nature n'est pas d'attendre l'impulsion, mais de la donner. M. Odilon Barrot est un admirable chef de file pour payer de sa personne et pour tenir d'une main ferme le drapeau d'un parti ; mais il est à peu près seul, et manque de lieutenants qui le secondent ou l'excitent dans l'occasion. D'autres élaboreront les doctrines qu'il a toute l'autorité nécessaire pour promulguer, quand elles seront parvenues à leur point de maturité.

Nous avons à fonder la monarchie démocratique, en réconciliant le nombre avec l'intelligence, et en rétablissant l'harmonie entre les intérêts matériels et les intérêts moraux. C'est une œuvre sans précédents, où chaque pas est comme l'inconnue d'un problème à dégager. L'histoire ne nous a montré jusqu'ici la liberté dans les monarchies que comme la résultante de deux forces qui se faisaient équilibre, l'aristocratie et la royauté. Nous ne sommes pas accoutumés à concevoir la grandeur en dehors de l'arbitraire, ni la fixité dans un pouvoir sans tradition. La tâche de l'opposition consiste donc à travailler l'opinion et à se travailler elle-même. Grande et glorieuse mission, s'il lui est réservé de la mener à fin.

ISBN : 978-1717347190